AF272617

Sofia und ihr

tierischer Therapeut

Zurück ins Leben

Sofia und ihr

tierischer Therapeut

Zurück ins Leben

Auflage 1. Oktober 2022

J.R. Lucas Wolf

Inhalt

Inhaltsverzeichnis--------------------------------6

Einleitung/Kapitel 1-----------------------------8

Kapitel 2--18

Kapitel 3--28

Kapitel 4--38

Kapitel 5--47

Kapitel 6--57

Kapitel 7--66

Kapitel 8---**77**

Kapitel 9---**87**

Kapitel 10--**98**

Kapitel 11---**108**

Danksagung-----------------------------------**111**

Literaturverzeichnis---------------------------**114**

Impressum------------------------------------**115**

Einleitung/Kapitel 1

Unsere Geschichte, die sich tatsächlich so ereignete, findet im Sommer im Jahr 1990 statt. Geografisch gesehen findet sie in einer Stadt namens Krefeld statt. Krefeld, bis 1929 auch Crefeld genannt, liegt linksrheinisch. Eine Großstadt am Niederrhein. Nordwestlich gelegen der Landeshauptstadt Düsseldorf in Nordrhein-Westfalen. Die Einwohnerzahl beträgt im Jahr 2022 ungefähr 227000 Einwohner. Laut eigener Aussagen ist Krefeld, die zweitgrünste Stadt in Deutschland. Überdies reich an Grün. Das beweist die große Zahl an Alleen und öffentlichen Grünflächen, mehrere Parks und vor allem der Krefelder Stadtwald.

Sicherlich fragt man sich, was sich in dieser Großstadt ereignete?

Ganz so einfach ist das nicht und der Weg führt über den Gedanken der Sicherheit.

Wo füllt man sich sicher?

Wer gewährleistet genau diese Sicherheit? Die Meisten von uns haben Eltern und unsere Eltern beschützen uns.

Was passiert, wenn genau das nicht mehr der Fall ist und der Schutz wegfällt? Erzieher, die zu Täter und Mitwisser werden. Eltern, die aus welchen Gründen auch immer ihr Kind (K) missbrauchen, ganz egal, ob das körperlich oder seelisch passiert.

Warum Eltern so etwas Schreckliches tun, dafür mag es Gründe geben, es rechtfertigen kann man das sicher nicht.

Haben Kinder nicht ein Recht auf Sicherheit? Lucas Wolf ist sich sicher, das irgendwo gelesen zu haben.

Tatsächlich gibt es seit 1989 ein weltweites Grundgesetz, wo genau alle Grundrechte für Kinder enthalten sind, in einer UN-Konvention. Die Rechte des Kindes sind die Pflichten der Eltern. Die Grundversorgung, das Sorgerecht, Pflege, Erziehen und Aufsicht. Um nur einige zu nennen. Da steht nicht drin, der Missbrauch am Kind–Opfer (Sofia K). Etwas haben die Eltern (M, M), Vater, Mutter, Onkel, Tante, Großmutter und Schwester nicht verstanden. Oder in der Entwicklung der Täter ist vieles schiefgelaufen.

Einige Fragen gibt es an dieser Stelle, die man sich stellen muss. Warum?

Wieso ist es keinen aufgefallen?

Man wird nicht dahinterkommen, wie so etwas Schreckliches passieren kann.

Die Geschichte startet im Sommer im Jahr 1990. In diesem Jahr ist es in der Stadt Krefeld nicht ganz so heiß. Krefeld ist sehr grün, so gibt es hier sehr viel Freizeitaktivität. In diesem Jahr überlegt Lucas etwas für seine Figur zu tun. Sommer ist es und jede zweite Frau schaut Lucas an. Man entkommt nur schwer den Blicken der anderen Menschen (Frauen u. Männern). Zu Lucas Entschuldigung kann nur gesagt werden, dass nach seiner Arbeit nicht viel Zeit übrig bleibt. In einem Kraftwerk in der Stromerzeugung arbeitet Lucas und das in drei Schichten. Da bleibt nur wenig Zeit für Anderes. Die Fortbildung zum Kraftwerker ist nicht ganz abgeschlossen, doch besitzt Lucas bereits eine fertige Ausbildung als Elektriker. Beschlossen ist, dass Lucas einen Ausgleich zur Arbeit benötigt. Von seinem jüngeren Bruder Anton, erfährt Lucas selbst, dass er in einem Sportstudio trainiert. Anton ist einer seiner Geschwister und sein einziger Bruder.

Neben Anton hat Lucas noch drei Schwestern (So, Gu, Ra). Anton ist ein kluger und sehr ehrgeiziger Mensch. Früher spielten Anton und Lucas oft zusammen Fußball und als Gegner war sein Bruder immer sehr unangenehm. Wobei sich Anton immer Ziele setzt und sich von niemanden davon abhalten lässt diese gesetzte Ziele auch zu erreichen. Ein ausgeprägtes Pflichtgefühl liegt Anton im Blut. Schon als Kind legt sein Bruder A. Wert auf Gerechtigkeit und Prinzipientreue. Lucas ist seinem Bruder A. in vielen Dingen ähnlich, auch Lucas setzt sich Ziele, die meistens erreicht werden. Doch diesen großen Willen, den sein Bruder A. hat, den besitzt Lucas nicht. Gemeinsam haben sie, dass sie sehr stur sein können und darüber hinaus einen ausgeprägten Sinn für Gerechtigkeit besitzen. Doch spätestens beim Thema Körperpflege und Kleidung unterscheiden sie sich erheblich. Während Lucas die Körperpflege für eine angenehme Abwechslung hält sein Bruder A. nicht ganz so viel davon lange sich mit der Körperpflege aufzuhalten. Jedoch bedeutet das nicht, dass Anton stinkt oder sogar unangenehm riecht. Das bedeutet nur, dass sein Bruder A. es nicht so übertreibt wie Lucas. Was Lucas betrifft, genießt Lucas länger sich mit seinem Körper zu beschäftigen. So gibt Lucas für diesen Sommer das Ziel aus, seinen Körper fit zu bekommen. Gleich sind die ersten Gedanken: „Etwas Fahrrad fahren und ein leichtes Hanteltraining." Schließlich geht Lucas mit diesen Gedanken ins Wochenende. Am Wochenende steht ein Besuch in der Eisdiele seines Freundes Salvatore an. Jener Freund (S) führt gemeinsam mit seiner Mutter (X) eine Eisdiele. Freund (S) ist ein echter Italiener, Freund (S) und seine Mutter (X) kommen aus Mailand.

Bis dahin weiß Lucas nicht, dass Eis machen so anstrengend sein kann und dass man dafür so wenig Geld erhält. Wie Lucas von beiden (Mutter, Freund) erfährt, verdient man mit dem Eis machen nicht viel. Wohl reicht es gerade zum Überleben. Freund und Mutter sind fleißig und nett zu allen Gästen. Bestimmt ist das Eis nicht das Beste in unserer Gegend! Jedoch treffen sich viele von uns in der Eisdiele von Salvatore und Mutter. Gerade wenn man jemanden lange nicht gesehen hat, ist das in Salvatores Eisdiele recht cool. Die Ausstattung der Eisdiele kann man als modern bezeichnen. Betritt man die Eisdiele gibt es links und rechts einige Sitzecken, weiter hinten gibt es einen Durchgang der zum Außenbereich führt. Im Außenbereich befinden sich die Sonnenschirme und die dazu passenden Tische. Der, Kaffee, der hier ausgeschenkt, wird, kann als gut durchgehen. Wie durch einen Zufall trifft Lucas am heutigen Tag seinen Bruder A. und einige der Freunde vom Sportstudio in der Eisdiele an. Später möchte man zur Disco fahren nach Geldern.

„Habt ihr beiden (Lucas, Freund) Lust mitzufahren?", „das kann noch lustig werden" werden Lucas und sein Freund gefragt! Salvatore, der Freund ist Feuer und Flamme für diese Idee, Salvatore möchte unbedingt mitfahren. Kurz darauf als die Entscheidung mitzufahren getroffen, ist gibt es nur noch eines zu tun! Einer muss das Auto fahren. Schnell wird dieses Problem, geklärt, sodass der Freund (S) sich mehr oder weniger zum Fahren (des Autos) bereiterklärt. Die Stadt Geldern ist nicht sehr weit von Salvatores Eisdiele entfernt und so kommt es, dass nach nicht einmal 40 Minuten man hier ankommt. Alles versammelt sich vor dem Eingang der

Disco als das übliche Gedrängel losgeht. Sofort kann die Devise nur lauten Anstellen und hoffen, dass es noch freie Plätze gibt. Zu einer Disco zu fahren, fand Lucas früher nicht unbedingt cool! Zum einen wegen der, Lautstärke, die da herrscht und zum, anderem, weil diese unmögliche Lautstärke nicht gerade zum Plaudern einlädt. Eine schöne Disco ist es mit vielen Sitzmöglichkeiten und kleinen grünen Oasen. Dazu eine Menge junger Menschen, die sich hier tummeln. Heute Abend ist es besonders laut und man kann sein eigenes Wort nicht mehr verstehen. Nachdem Lucas mehrfach auf der Tanzfläche ist und das Tanzen Lucas nicht nicht mehr zusagt, beschließt jener sich an der Theke hinzusetzen. Um hier gemütlich eine Coca-Cola zu trinken. Die Frauen und Männer vom Sportstudio befinden sich da noch auf der Tanzfläche. Nach einigen

Minuten der Ruhe plötzlich wie aus heiterem Himmel Lucas eines der Frauen vom Sportstudio anspricht. Hiermit hat Lucas selbst nun wirklich nicht gerechnet. An der Theke ist es etwas ruhiger und die Musik hört man nicht ganz so laut, befindet man sich doch räumlich ein paar Meter von der Tanzfläche entfernt.

„Dich kenne ich", sagt die junge Frau.

„ In der Eisdiele habe ich dich doch bereits gesehen!" „Bist du nicht der große Bruder vom Anton?"

Lucas dreht sich um und schaut die junge Frau an.

„Ja, sagt Lucas, bin der große Bruder."

Lucas fragt: „Wer bist du?"

Junge Frau antwortet: „Gehöre der Gruppe Frauen vom Sportstudio an, trainiere dort wie dein Bruder auch."

Kapitel 2

Anschließend stellt sich die junge Frau (Sofia K), Lucas vor. Genauso fängt alles an. Sie wechseln miteinander einige Sätze über Sport und Allgemeines. Nachdem einige Zeit vergangen ist, gehen alle gemeinsam zu ihren abgestellten Autos. Verabschieden sich voneinander und wünschen sich eine gute Heimfahrt. Bemerkenswert, die junge Frau war nett zu Lucas und offen dazu. Auch ist die junge Frau auf Lucas zugegangen.

„Eine sehr interessante junge Frau, überdies sieht Frau (K) sehr sportlich aus" denkt Lucas.

Das Wochenende über hat Lucas eine Menge zu tun, sodass Lucas keine weiteren

Gedanken an diese schöne Begegnung mehr hat. Gleich die Woche darauf meldet sich Lucas in dem gleichen Sportstudio, an wo sein Bruder A. und diese unbekannte junge Frau (K) trainieren. Wichtig zu wissen, das Sportstudio liegt in einem Vorort von Krefeld. Nebenbei ist es nicht das größte Studio bezogen Fläche und bezogen auf die Anzahl junger Menschen, die hier trainieren. Gut ausgestattet mit vielen unterschiedlichen Geräten und einem Inhaber (R) der außerdem ein Freund des Bruders (A) ist. Hier gehen viele junge Menschen hin, um einfach nur einen Ausgleich zu ihrer täglichen Arbeit zu haben. Die wenigsten von ihnen haben sich so hohe Ziele gesteckt wie Bruder A. Jener trainiert mehrfach in der Woche, wenn es denn sein Schichtplan zulässt. Bruder A. arbeitet als Chemielaborant in einem großen Chemiewerk. Am Tag der Anmeldung im

Sportstudio werden Lucas gleich einige Tipps mit auf den Weg gegeben. Und Freund seines Bruders A. kümmert sich persönlich, um ihn. Inhaber (R) gibt ihm Tipps bezüglich Getränke und Snacks, die man hier erhalten kann. Man sieht vom Inhaber (R) nicht nur den Gewichtheber und Sportler, sondern auch seine anderen tollen Eigenschaften. Die er ohne Zweifel besitzt. Gut gebildet, humorvoll, intelligent und immer sehr hilfsbereit. Wenig später auf eine Anfrage von Lucas bekommt Lucas endlich seinen ersten Trainingsplan. Vom ersten Trainingsplan darf man aber nicht allzu viel erwarten. Lucas ist ein blutiger Anfänger und so bekommt Lucas einen Trainingsplan der ihn am Anfang nicht überfordert. Die Übungen sind einfach gehalten und die Angaben über die Gewichte im Trainingsplan sind toll für Anfänger. Zuallererst geht es für ganze 15 Minuten auf das Fahrrad, anschließend stehen einige Übungen mit kleinen Hanteln an, die ein Gewicht von 2,5 Kilogramm besitzen. Hierbei kommt es nicht auf das Gewicht der Hanteln an, sondern viel mehr auf die Wiederholungen, die damit geleistet werden. An seinem ersten Trainingstag übertreibt Lucas es etwas, die Motivation mehr als nötig zu tun, ist einfach zu groß. Die Rechnung folgt kurz darauf am nächsten Tag. Lucas besitzt nun einen Muskelkater, den er in der Art nicht erwartet. Wahrscheinlich trainiert er für den ersten Trainingstag zu schnell und zu hart. Das Aufwärmen kürzt Lucas auch etwas ab, vielleicht ist das die Ursache für den Muskelkater. Hat der Inhaber (R) des Sportstudios, alle vorab gewarnt.

„Richtiges Aufwärmen ist das A und O beim Sport."
Vielleicht ist es nur die fehlende Fitness bei Lucas.

Jedenfalls fängt Lucas am nächsten Tag mit seiner Nachtschicht-Woche an und diese mit einem Muskelkater. So etwas benötigt kein Mensch, aber es passiert ihm. Lucas es bis hierhin auch noch nie zuvor passiert. Gleich nach der Nachtschicht-Woche geht Lucas wieder trainieren. Sein Muskelkater ist weg und Lucas nimmt sich fest vor dieses Mal es nicht zu übertreiben. Lucas kommt im Studio an. Was aber gleich auffällt, ist, es riecht nach Schweiß und Adrenalin. Andere Wörter hierfür sind: warm und muffig. Ein großer Nachteil des kleinen Sportstudios ist das. Durch die fehlende Anzahl ausreichender Fenster bekommt man eben nicht die gewollte Menge frischer Luft hinein. Die als ausreichend betrachtet wird. Das trotz einer weit aufstehenden Eingangstür.

„Na gut, denkt sich Lucas, da müssen wir heute etwas mehr schwitzen."

Lucas-Plan sieht vor, zuerst mit dem Aufwärmen anzufangen und anschließend für charmante 15 Minuten mit dem Fahrrad zu fahren. Zwischendurch wird die eine oder andere kleine Trinkpause eingehalten. Zuallererst geht es auf das Fahrrad für genau 15 Minuten, danach werden einige Übungen mit den kleinen Hanteln gemacht. Die ein Gewicht von 2,5 Kilogramm besitzen. Anschließend geht es mit den Übungen der Langhanteln weiter Am zweiten Tag macht Lucas alles etwas gelassener, versucht auch nicht es wieder zu übertreiben. Nachdem Lucas mit dem Kurzhanteln-Training fertig ist, geht Lucas in einen kleinen Raum nebenan. Hier in diesem kleinen Raum kann man nämlich die Übungen mit den Langhanteln machen. Doch als Lucas den Raum betritt, trainiert hier bereits jemand sehr fleißig mit einer Langhantel.

„Die junge Frau (K) von der Disco" denkt Lucas sich.

Auch hat die junge Frau eine schöne enge und kurze Sportkleidung an, bestehend aus einem Oberteil und einer kurzen Hose. Beide begrüßen sich mit einem:

„Hi", „Hallo" und „Na".

Kurz darauf kommen beide ins Gespräch. Gleich gehts um die Menge der Einheiten, die man bei jeder Übung macht, um die Kilogramm Angabe bei den Gewichten, die man benutzt.

„Hui", „ganz schön viel Gewicht", sagt Lucas.

Sofia (K) antwortet: „Ja, von nichts kommt nichts."

Sie tauschen noch einige Sätze über gewisse Übungen und wie man diese Übungen am besten macht aus. Danach macht jeder von ihnen die Anzahl von Übungen, die er machen soll.

Anschließend folgt eine gemeinsame Pause an der Theke, wo Sie Getränke und Sportriegel zu sich nehmen. Sofort nach der kleinen Pause fahren Sie mit dem Training fort. Treffen sich bei den Geräten sprechen am heutigen Tag jedoch nicht mehr miteinander. Gleich nachdem Lucas mit den Übungen fertig ist, geht er duschen. Nach dem Duschen wird sich von Sofia (K) verabschiedet und Lucas sagt:

„Wünsche dir noch einen schönen Tag."

Sofia erwidert: „Den wünsche ich dir auch einen schönen Tag."

Danach dreht sich Lucas um und fährt nach Hause. Ganze drei Tage vergehen bis Lucas wieder ins Sportstudio fährt, das ist der Rhythmus, den Lucas jetzt einschlägt. Lucas ist gezwungen, seinen Muskeln etwas Zeit zu geben, um sich zu formen. Natürlich gibt es Leute im Studio, die häufiger oder weniger häufiger als Sofia und Lucas trainieren. Am heutigen Tag trifft Lucas die junge Frau (K) nicht an, die blonde Frau trainierte wohl etwas später als Lucas. Freund (D) begleitet Lucas zum Training und unterstützt Lucas moralisch etwas. Selbst ist Freund (D) nicht sehr sportlich, dennoch bemüht er sich sehr.

Wie ist Kumpel (D) eigentlich?

Nun er sieht immer nur die Konkurrenz in jeden. Auch hat Freund (D) oft bei Frauen nicht wirklich Glück, das Gegenteil (Pech) trifft eher zu. Lucas und Freund (D) sind viel zusammen, die Computer und Spiele bilden ihre Gemeinsamkeiten. Nach dem Training wird beschlossen der jungen Frau (Sofia K) im Sportstudio eine Nachricht zu hinterlassen. Der Inhaber des Sportstudios, der gleichzeitig auch der Trainer von Lucas ist, nimmt folgende Nachricht für Sofia (K) auf: „Lucas war hier und würde sich sehr über einen

Rückruf von dir freuen." „Die Telefonnummer lautet: 0 2 1 5 1, Grüße Lucas."

So oder so ähnlich lautet der Text. Wenige Tage später bekommt Lucas am Nachmittag einen Anruf. Die junge Frau (K) ist am Telefonhörer, Sie fragt Lucas:

„Ist das wahr?", „der Inhaber (R) des Sportstudios hat mir eine Nachricht zukommen lassen von dir, Lucas und deinem Freund (D)."

Lucas sagt: „Ja, das stimmt."

Nach einer kurzen Pause am Hörer fängt Sie (Blondine) anzulachen und fragt:

„Was möchtest du?"

Lucas antwortet: „Würde dich gerne wiedersehen, dieses nicht immer dem Zufall überlassen." Er fügt noch hinzu: „Ob wir nicht in der nächsten Woche gemeinsam zusammen trainieren können?"

Kapitel 3

Lucas bekommt eine positive Antwort und die junge Frau sagt:

„Was mich angeht, freue ich mich schon darauf."

Schließlich, nach einigen kurzen Sätzen, beenden beide das nette Gespräch. Lucas ist sehr froh, diesen Anruf erhalten zu haben, aus verschiedenen Gründen. Zum einen, weil er jetzt eine Trainingspartnerin hat und weil er Sie für sehr sympathisch hält. Lucas erste Gedanken nach diesem Gespräch sind sehr positiv und Lucas ist gleich aufgefallen, dass Sie (Blondine) eine sehr angenehme Stimme hat. Nicht nur ihre Stimme ist es, sondern die Art wie sanft Sie bei Lucas ankommt.

Die Nachricht von dem Rückruf bekommt Kumpel (D) erst Tage später mit, er sieht beide bereits nach nur einem Telefonat als ein glückliches Paar. Lustig ist diese Vorstellung schon, aber nur wenig realistisch. Freund (D) verkuppelt gerne Menschen miteinander, nur gerade an dieser Stelle erscheint Lucas das ein Stück-weit zu früh.

Lucas hat ganz andere Gedanken und diese beziehen sich mehr auf eine gute Freundschaft und auf ein erfolgreiches trainieren miteinander. Wie sich später herausstellt, ist das gemeinsame Trainieren für beide sehr vorteilhaft. Lucas lernt das richtige Atmen und richtiges Aufwärmen vor dem Training. Zwischendurch gibt Sofia (K) Lucas einige Ernährungstipps, die Lucas mehr als nur gut empfindet. Die Nahrung einer Sportlerin oder eines Sportlers sind anders als bei Nichtsportlern. Nebenbei sieht

Sofia am ersten Tag ihrer Begegnung mit Lucas in der Disco. Lucas am letzten Tag als Raucher. Dieses kommt Lucas beim Training zugute, Lucas hat dadurch weniger Atemnot und keine Rauch-Pausen. Laut eigener Aussage hat Sofia selbst nie eine Zigarette geraucht, Sie hält nichts vom Rauchen. So wie Lucas später von ihr, erfährt, rauchen ihre Eltern (M, M) und ihre größere Schwester (M) auch. In der Zwischenzeit macht Lucas bezüglich der Fitness einige Fortschritte, überdies kann er besser und länger atmen. Außerdem lernt Lucas neue Leute kennen, unter anderem eine Bekannte (D) seiner Trainingspartnerin Sofia (K). Nach einigen Monaten des gemeinsamen Trainings kommen Sie mit einigen Menschen zusammen. Nachdem zwei Monate vergangen sind, beschließen die Bekannte (D) und seine Trainingspartnerin Sofia (K). Zusammen mit

Lucas, am darauffolgenden Wochenende zwecks gemeinsamen Tanzen und Plaudern. Nach Düsseldorf zu fahren. Die drei haben so eine Art Dreierbeziehung im Sinne von Zeit gemeinsam zu verbringen. Das folgende Wochenende ist schnell da und Lucas hat noch einige wichtige Dinge zu erledigen. So fährt Lucas mit seinem Wagen zuerst durch die Waschstraße und führt außerdem noch eine komplette Innenreinigung seines Autos durch. Fenster, Cockpit und Fußmatten werden gereinigt. Nach anderthalb Stunden (90 Minuten) ist das Auto fertig. Deshalb fängt Lucas mit seinem Körper an ihn etwas auf Hochglanz zu bringen. Das, übliche, wenn man eine Verabredung mit zwei wunderschönen Frauen hat. Eigentlich hat sich Lucas bereits die Woche über mit Freund (D) für Samstag verabredet, aber am selben Samstag erhält Lucas eine Absage von ihm.

Da Freund (D) kurzfristig Damenbesuch erhält. Lucas muss allein zu einer Verabredung mit zwei wunderschönen Frauen. Gleich nachdem Lucas seinen Körper auf Hochglanz bringt, fährt Lucas Richtung Sportstudio. Das Treffen am Sportstudio haben Sie so ausgemacht. Am Sportstudio angekommen, steht nur eine der beiden Frauen da. Die Trainingspartnerin Sofia (K). Lucas schaut Sie an und fragt:

„Wo ist Frau (D)?"

Sofia antwortet:

„Wir müssen Sie zu Hause abholen, es ist nicht weit von hier." „Wo ist dein Freund (D)?", „kommt der heute nicht?", fragt Sofia. „Nein" „der hat bereits eine Verabredung" antwortet Lucas.

Die zwei steigen ins Auto und fahren ihre Freundin abholen. Doch als beide bei ihrer Freundin ankommen, ist Freundin (D) noch mit ihren Haaren beschäftigt. Nach einigen Minuten kann es doch noch losgehen. Schließlich fahren Sie mit einem roten BMW (320i) über ein Stück Autobahn nach Düsseldorf, dabei gehört der BMW Lucas. Diesen BMW hat Lucas sich vor einigen Jahren zugelegt und er ist sehr zufrieden damit. In der Stadt Düsseldorf angekommen geht es gleich darum, einen geeigneten Parkplatz zu finden, der nicht so weit entfernt von der Disco (Papp) ist. Nach einigen Minuten findet Lucas ein Parkhaus, dass ganz sehr nah zur Altstadt liegt. Am heutigen Tag herrscht Hochbetrieb, daher muss der Wagen ziemlich weit oben im Parkhaus abgestellt werden. Fast die letzten sind Sie, die im Parkhaus einen Stellplatz finden. Sofort nach Verlassen des Parkhauses, machen Sie sich auf die Suche nach einem sogenannten `Tanzschuppen'. Ein Tanzschuppen ist eine

Mischung aus einem Tanzclub und einer Diskothek. Gerade hier angekommen, suchen Sie eine Sitzecke aus, direkt neben der Tanzfläche. Auch ist es die richtige, Zeit, da der Laden noch nicht überfüllt ist. Sie setzen sich hin und bestellen gleich ein paar Drinks. Lucas bestellt sich eine Coca-Cola, etwas ohne Alkohol soll es, sein, da er selbst noch zurückfahren muss. Die beiden Frauen bestellen ebenfalls eine Coca-Cola oder eine Fanta. Nach einigen Minuten des Zuschauens und des Plauderns gehen Sie gemeinsam auf die Tanzfläche. In der Zwischenzeit hat sich der Club gefüllt und so kommt es, dass eine Menge junger Menschen auf der Tanzfläche tanzt. Die Musik ist nicht unbedingt aus ihrem Genre, doch zum Tanzen geht es gerade noch. Ein schöner Club, es hat eine schöne Einrichtung mit viel Holz und dabei ist es nicht zu bunt. Nachdem Sie die

Tanzfläche verlassen und in ihrer Sitzecke ankommen sind, werden erst einmal neue Getränke bestellt. Das Tanzen macht ein wenig, durstig, außerdem müde. Nach einigen Liedern kann Lucas einfach nicht mehr, es befinden sich zu viele Menschen gleichzeitig auf der Tanzfläche. Eine so große Menge Leute in einem kleinen Raum, das mag er nicht. Obendrein die Musik recht laut und immer noch gehört die Art von Musik nicht zu seinem Genre. Nach einiger Zeit des Plauderns ihre Bekannte (D) wieder tanzen gehen will, doch seine Trainingspartnerin Sofia (K) und Lucas wollen nicht. Nicht wieder mit auf die Tanzfläche. Daraufhin beschließt Bekannte (D) eben allein zu tanzen. Stattdessen plaudern die zwei (Sofia, Lucas) über das Ein und das Andere. Plötzlich, nachdem eine gewisse Zeit verstrichen ist, Trainingspartnerin Sofia einen Kugelschreiber herausholt und auf einen Bierdeckel. Ihren kompletten Namen und ihre Telefonnummer schreibt. Anschließend sagt Sofia:

„Ruf mich bitte mal an, so können wir etwas quatschen oder gemeinsam etwas unternehmen."

Lucas antwortet:

„Ja, gerne, das machen wir bestimmt."
Sofia nutzt die Situation aus, da Sie gerade alleine sind, um ihm ihre Telefonnummer, welche sich auf dem Bierdeckel befindet zu überreichen.

„Kein so schlechter Schachzug" denkt sich Lucas.
Ab diesem Moment ändert sich die Situation schlagartig. Die Frau mit dem K im Namen gemeint ist seine Trainingspartnerin Sofia (K) traf eine Entscheidung. Das Feld nicht ihrer Konkurrentin (D) zu überlassen.

„Gutes Timing" denkt Lucas sich.

Da kommt auch schon Bekannte (D) von der Tanzfläche zurück. Ihre Bekannte hat die Situation noch nicht ganz begriffen. Der Kampf um den Herrn Lucas ist fast entschieden. Für etwa eine Stunde unterhalten Sie sich noch und danach fahren Sie wieder zum Sportstudio zurück. Auf der Rückfahrt ist eine komische Stimmung im Auto, beide Frauen überschlagen sich mit Aussagen darüber, wie schön es doch gewesen sei. Lucas kommt es so vor, als wenn gerade ein kleiner Wettkampf stattfindet, wer an dieser Stelle schweigt, hat bereits aufgegeben. Lucas muss etwas nicht mitbekommen haben, ist doch eine kleine Schlacht entbrannt um die `Poleposition' (Beste Platzierung). Schließlich lassen Sie Bekannte (D) an ihre Haustüre heraus.

Kapitel 4

Verabschieden sich von ihr:

„Wünschen dir ein tolles Wochenende",
sagen Sofia und Lucas.

Anschließend fahren Lucas und Sofia zum
Sportstudio zurück. Auf dem Weg zum
Sportstudio spürt Lucas eine gewisse
Erleichterung in ihrem Gesicht. Für diesen
Abend ist Sofia, ihre Konkurrentin
losgeworden. Sie reden nicht mehr viel
miteinander, vielleicht weil Sie einfach nur
froh sind für eine kurze Zeit allein zu sein.
Lucas lässt Sie am Sportstudio heraus und
verabschiedet sich von ihr:

„Wünsche dir ein schönes Wochenende",
sagt Lucas.

„Wünsche ich dir auch", erwidert Sofia. Doch auf der Rückfahrt nach Hause gehen Lucas einige Gedanken durch den Kopf

„Frauen" denkt Lucas.

Lucas hat bereits davon gehört, aber dieses Verhalten glich fast einem Hahnenkampf.

„Was für eine kluge Frau" denkt Lucas noch.

Lucas ist gespannt, wie die Sache mit Sofia weitergeht. Das Wochenende ist vorbei und Lucas fängt mit seiner Nachtschicht-Woche an. Für gewöhnlich kommt in dieser Woche Lucas nicht dazu zu trainieren oder Sofia (K) anzurufen. In der Woche darauf hat Lucas jedoch drei Tage frei. Am Dienstag beschließt Lucas sein Versprechen bei der jungen Frau (Sofia) anzurufen auch einzuhalten. Der Zeiger der Uhr bewegt sich gegen 18 Uhr, als Lucas beschließt, sie anzurufen. Ein paar mal klingelt es plötzlich eine schöne Stimme fragt:

„Hallo, wer ist da?"

Lucas antwortet: „Lucas habe dir doch versprochen, dich anzurufen.",„Hallo", „wie geht es dir denn?", fragt Lucas.

Sofia antwortet: „Gut und das ist toll, dass du daran gedacht hast."

„Möchte nur wissen, wie es dir geht und wie dir das am Wochenende gefallen hat", sagt Lucas zu ihr.

Sofia antwortet: „Das war ganz toll in Düsseldorf und wir können das gerne wiederholen."

Lucas antwortet: „Fand es auch ganz toll." „Habe da eine Idee! „Nach dem Training können wir zur Eisdiele fahren, mein Freund (S) besitzt in einem Vorort von Krefeld eine Eisdiele".

„Ja, das machen wir", sagt Sofia.

Gleich nachdem sie das besprochen haben, wechseln Sie ein paar Sätze über das Wie und das Wann und danach steht ihre Verabredung. In den darauffolgenden Wochen haben Sie ähnliche Verabredungen. Manchmal treffen sich Sofia und Lucas einfach am Sportstudio und fahren anschließend entweder zur Eisdiele oder nur in den Park, um zu spazieren. Draußen ist es schön und die Temperaturen laden zum Spazierengehen geradezu ein. Das Eis in der Eisdiele zu sich nehmen, ist da sehr angenehm. Eines Tages treffen Sie sich mit Freund (N) in Uerdingen, das ist eine kleine Stadt und gehört auch zu Krefeld. Dort gehen Sie gemeinsam spazieren. Am heutigen Tag passiert es endlich muss man an dieser Stelle sagen. Den ganzen Nachmittag laufen Sofia und Lucas nebeneinander her und auf einmal möchte er selbst einfach nur zeigen, zu wem er gehört. Beim Überqueren einer Straße nimmt Lucas mal ihre Hand. Sofia schaut

Lucas an und sieht dabei, aus als wenn Sie den gleichen Gedanken gehabt haben würde. Ab sofort lässt Lucas ihre Hand nicht mehr los. Sofia lächelt Lucas nur an. Ein Lächeln, als wenn Sie es schon lange erwartet haben würde.

Lucas denkt sich: „Wir sind einer zu viel." Den ersten Schritt haben Sie gewagt und jetzt sind Sie dicht beieinander und zeigen das Jeden, dass Sie zusammengehören. Obendrein fühlt es sich gut an und Sie genießen es beide. Doch als der Nachmittag vorbei ist und Sie sich von Freund (N) verabschieden, beschließt Lucas anschließend Sie nach Hause zu fahren. Den Weg dorthin beschreibt Sofia ihm. Das ist auch nötig, denn Lucas hat Sofia noch nie bis zu ihrer eigenen Haustüre gebracht, das ist das erste Mal, dass Sie von Lucas nach Hause gefahren wird.

Lucas sagt noch: „Fand es richtig schön heute und es wäre vielleicht nicht falsch, wenn wir beim nächsten Mal allein ohne eine Anstandsdame spazieren gehen würden."

Sofia lächelt und antwortet: „Ja, das wäre nicht schlecht."

„Wünsche dir noch einen guten Abend", sagt Lucas.

Sofia sagt: „Das Gleiche wünsche ich dir."
Anschließend fährt Lucas nach Hause. Auf dem Weg nach Hause gehen Lucas viele Gedanken durch den Kopf, einer dieser Gedanken ist: „Was werden Lucas und Sofia wohl als Nächstes tun?"
Ein schöner Tag, der langsam endet. Die Freude auf die nächste Begegnung ist groß und die soll nicht lange auf sich warten lassen. In den darauffolgenden Tagen treffen sich Sofia und Lucas beim Training im Sportstudio, aber hier sind Sie nicht allein.

Gemeinsam suchen Sie die Ruhe, zu zweit haben Sie sich erst gerade gefunden. Schließlich eines Tages passiert es Sofia und Lucas sind verabredet und treffen sich. Eigentlich wollen Sie nur spazieren fahren und wissen nicht richtig wohin. Lucas parkt am Park und fragt Sofia:

„Wohin möchtest du gerne fahren?"
Plötzlich Sofia mit ihren süßen Lippen die Lippen von Lucas berührt. Das nennt man die Initiative ergreifen. Da ist er nun, dieser „magische Moment" auf den man ewig wartet. Sie genießen beide den Augenblick und es folgen weitere Küsse. Doch nach einigen Minuten schlägt Lucas vor:

„Fahre dich lieber nach Hause, es ist schon spät geworden.

"Sofia sagt: „Ja, danke, es ist schon spät."
Sofia lächelt Lucas an und danach startet Lucas den Wagen. An ihrer Haustür

angekommen, wird sich sofort verabredet. Wollen sich an den darauffolgenden Tagen sehen.

Lucas sagt: „Fand das heute schön mit dir, das hat mir gut gefallen."

Sofia antwortet: „Ja, das hat mir auch gut gefallen, das müssen wir unbedingt wiederholen."

In den darauffolgenden Wochen wiederholen Sie es in den Park zu fahren, um zu küssen. So sind Sie allein und keiner kann Sie dabei stören. Schön ist das und so kommen Sie sich langsam etwas näher. Nach einiger Zeit wird es bei den Sofia und Lucas ernst. Der genaue Zeitpunkt ist nicht so wichtig, aber das was Sofia Lucas fragt schon. Treffen sich am heutigen Tag als plötzlich Sofia fragt:

„Möchtest du nicht mit zu meinen Eltern, zum Kaffeetrinken?"

Lucas antwortet: „Gerne dabei kann ich

deine Eltern kennenlernen."

Schließlich ein paar Tage später ist es so weit, Lucas hat ja zugesagt. Lucas beschließt noch ein paar schöne Blumen und eine Schachtel Pralinen zu besorgen. Gleich nachdem Lucas diese Kleinigkeiten besorgt sind, fährt er Richtung Haus von Sofias Eltern. Lucas klingelt und sofort wird die Tür geöffnet. Anschließend geht Lucas die Treppen rauf und da steht Sofia auch schon. Sofia lächelt Lucas an und sagt:

„Komm doch bitte herein."

Lucas antwortet: „Gerne", „ja danke".
Danach geht Lucas hinein. Sofia führt Lucas in einen, Raum, wo ihre Eltern sich befinden. Zuerst übergibt Lucas Sofia die wunderschönen Blumen und Pralinen. Anschließend begrüßt Lucas ihre Mutter und ihren Vater.

„Guten Tag", „bin Lucas." Sagt Lucas.

Guten Tag', sagen Sie. `M & M' (Eltern), das sind ihre Namen.

Kapitel 5

„Sie haben es aber schön hier", sagt Lucas zu ihnen.

„Ja, danke", antworten die Eltern.

Danach dreht sich Lucas zu seiner Herzdame um und fragt Sie:

„Gefallen dir die Blumen?"

Sofia antwortet:

„Ja", „danke, sind die aber schön".

Sofort lächelt Sofia Lucas an und beugt sich über den Blumenstrauß, um an den Blumen zu riechen.

„Die riechen aber toll und diese schönen Farben", sagt Sofia.

Kurz darauf umarmt Sofia Lucas und gibt ihm einen Kuss. Anschließend weist Sofia Lucas einen Platz am gedeckten Tisch zu. Während Sie sich in einem Raum befinden, voller schöner Dinge. Z. B. gibt es an den Wänden einige Bilderrahmen, in denen man Fotos mit Familien, Mitglieder und Freunden erkennen kann. Auch gibt es eine Tischlampe, die aus vielen Mosaiksteinen besteht. Des Weiteren gibt es eine schöne Vitrine mit vielen Gläsern, Tassen und Tellern darin. Wenn man den Raum betritt, fallen zuerst die Vorhänge auf, die in terrakottafarben an der Decke hängen. Die Möbel, die im Raum stehen, sind äußerst massiv. Der große Tisch und die vielen Stühle sind aus einem massiven Material, Eichenfarben und dunkel. Der Tisch ist schön gedeckt und das Service, das auf dem

Tisch liegt, ist sehr gelungen. Die Tassen und Unterteller sind in Weiß und haben einen Blumenaufdruck. Lucas schaut sich gerade noch im Raum um, als sein Herzblatt Sofia ihn fragt: „Wie war dein Tag heute?"

Lucas antwortet: „Gut".

Ihre Mutter bemerkt: „Die sind aber schön, die Blumen", „und einige Pralinen hat Sofia auch noch bekommen."

„Ja, es ist nur eine Kleinigkeit", erwidert Lucas.

Anschließend unterhalten sich alle nett. Die Eltern sind sehr neugierig und wollen alles von Lucas wissen. Lucas erzählt ihnen am heutigen Tag sein halbes, Leben, da Sie immer wieder nachfragen. Lucas erzählt den Eltern, wo er arbeitet und wie viele Geschwister er doch hat. Danach, wie er ihre Tochter Sofia kennenlernte und welche Bedeutung dabei sein Bruder Anton spielte.

Die Neugier der Eltern findet einfach kein Ende und als es Lucas zu bunt, wird, beschließt Lucas lieber zu gehen. Für den heutigen Tag sind es genug Fragen. Das Fragen und Antwortspiel muss so schnell wie möglich beendet werden. Lucas steht auf und verabschiedet sich höflich von den Eltern. Anschließend begleitet seine Alliierte Sofia Lucas hinaus. Lucas erkennt in ihrem Gesicht die vollkommene Zufriedenheit darüber, es endlich geschafft zu haben. Beide fühlen sich wie auf einem Präsentierteller, das ist kein schönes Gefühl.

Während Sie draußen an der Eingangstür stehen, sagt Sofia: „Dass du Lucas uns heute hier besucht hast, hat mir gut gefallen." „Deine Geschenke sind toll, dafür danke ich dir sehr."

Lucas erwidert: „Heute hat es mir auch gut gefallen und deine Erzieher waren nett zu mir."

Sofia lächelt Lucas an und umarmt ihn. Danach verabschieden Sie sich ganze 10 Minuten lang voneinander. Das ist bereits normal. Bevor Lucas fährt, wird sich für die nächsten Tage verabredet. Die Woche darauf wollen Sofia und Lucas zusammen trainieren und im Park joggen gehen. Beide wollen mit dieser Maßnahme ihre Fitness und ihre Ausdauer steigern. Auf dem Weg nach Hause denkt Lucas einige Zeit noch über die Eltern ihrer Freundin (K) nach. Sie waren nett und haben bei Lucas einen guten Eindruck hinterlassen. Ihre schön eingerichtete Wohnung findet Lucas gut und ihm ist gleich aufgefallen, wie ordentlich und sauber alles ist. Auch die Gastfreundschaft, die ihre Eltern Lucas entgegenbrachten, welche man heutzutage vergebens sucht. In den darauffolgenden Tagen geht Lucas mit Freundin Sofia im Sportstudio trainieren.

Auch fangen Sie einmal pro Woche im Park zu joggen an. Ein schöner Park mit einigen Sitzbänken, Bäume und viel Grün. Sie lieben beide die Stille, die hier herrscht und den Überfluss an Sauerstoff. Dadurch, dass es hier keine Autos oder Motorräder gibt, ist es hier richtig ruhig. Sie lieben es während des joggen sich zu unterhalten. Hier sind Sie ziemlich allein und niemand kann stören. Im Park vergessen Sofia und Lucas den Alltag und Stress. Außerdem verbringen Sie so schöne Stunden miteinander. In der Natur können Sofia und Lucas ihren Akku (Körper) wieder mit Energie aufladen. Am heutigen Tag treffen Sie nicht viele Menschen im Park. Sport ist generell sehr anstrengend und darüber hinaus erfordert es von einem eine gewisse Disziplin. Heute laufen Sofia und Lucas ungefähr eine dreiviertel Stunde. Dabei fühlen Sie sich nach nur einer dreiviertel

Stunde joggen, sehr ausgeglichen und fit. Nach dem Laufen unterhalten Sie sich etwas und anschließend fährt Lucas Sofia wieder nach Hause. Ein schöner, langer Tag endet.

In den darauffolgenden Wochen steigern Sofia und Lucas langsam das Laufpensum, der Ablauf ist immer konstant. Das Bedürfnis, sich zu treffen und darüber hinaus viel Zeit miteinander zu verbringen, wird immer intensiver. Sie wollen einfach mehr Zeit miteinander verbringen und die, Stunden, die Sie nicht zusammen sind, somit reduzieren. Die Sehnsucht nach einem gemeinsamen Leben ist nach und nach gewachsen. Am heutigen Tag ganz plötzlich bei einem Treffen mit Freundin Sofia das Thema `eigene Wohnung' zur Sprache kommt. Sie treffen sich im Sportstudio und fahren anschließend zu ihrem Park. Aber am heutigen Tag steht `joggen' gar nicht auf dem Programm.

Nur die Füße vertreten wollen sich beide und zusammen etwas Zeit miteinander verbringen. Da plötzlich seine Freundin Sofia Lucas auf das Thema `eigene Wohnung' anspricht.

„Hör mal Lucas, wie stellst du dir eigentlich unsere Zukunft vor?", fragt Sofia.

Lucas antwortet: „Nun ich denke, wir werden zusammen alt werden uns so."

„Ja, nein", sagt Sofia. „Meine doch unsere nahe Zukunft im nächsten Jahr zum Beispiel."

Lucas zuckt nur mit seinen Schultern und ahnt nicht, was jetzt passieren wird.

„Hast du nicht Lust, mit mir in eine gemeinsame Wohnung zu ziehen?", fragt Sofia.

„Hmm", sagt Lucas. „Ja, doch wenn wir nur eine gemeinsame Wohnung haben würden."

Sofia erwidert: „Du hast nichts dagegen,

wenn wir uns um eine gemeinsame Wohnung umschauen?"

„Nein, natürlich nicht, aber es soll schon etwas Vernünftiges sein", sagt Lucas.

Sofia lässt aber nicht locker und bohrt immer wieder nach.

Am Ende des Tages haben Sofia und Lucas für das Projekt `eigene Wohnung' eine gemeinsame Lösung gefunden. Sie haben ausgemacht, sich gemeinsam, um eine eigene Wohnung zu bemühen und es später ihren Eltern schonend beizubringen. Das Thema Eltern ist ihnen besonders wichtig, da Sie ihre Eltern lieben und ihnen nicht vor dem Kopf stoßen wollen. Der Zeitpunkt ist gekommen, das Elternnest (Elternhaus) zu verlassen und ein eigenes Nest (Haus, Wohnung) zu bauen. Um eine eigene Familie zu gründen. Beide sind noch sehr jung und etwas, unerfahren, aber sie wissen, was Sie nicht mehr wollen.

Nicht mehr voneinander getrennt zu sein. Heute sprechen Sofia und Lucas über gewisse Konsequenzen, die dadurch entstehen, wenn man zusammen zieht. Das Thema Geld auch zur Sprache kommt. Junge Paare haben für Eigentum selten Geld und bei ihnen ist das nicht anders. Außerdem führen Sie ein sehr emotionales und dazu sehr intensives Gespräch miteinander. Am Ende des Tages sind Sie froh darüber, eine gemeinsame Zukunft aufbauen zu wollen. Sie lieben sich und mögen es nicht unterschiedlicher Auffassung oder gar unterschiedlicher Meinung zu sein. Streit zwischen ihnen gibt es keinen und wenn Sie mal anderer Meinung, sind suchen sie immer nach einer gemeinsamen Lösung.

Kapitel 6

Später liegt das Paar sich in den Armen und hält sich ganz doll fest. Allein der Gedanke, ein eigenes Zuhause zu haben und nicht mehr Treffen ausmachen zu müssen, gibt beiden ein gutes Gefühl. Ein Plan muss her, ein Plan der alle möglichen Kosten und Termine enthält, die eingehalten werden müssen. Generell ist eine Wohnungssuche nichts, ungewöhnliches, trotzdem gibt es hierbei einige Punkte zu beachten. Zum einen die Wohnungsgröße, die Lokalität der Wohnung, Anbindung an Schulen, Ärzten, Supermärkten, Banken und Postämter et cetera. Eine komplette Liste von Fragen bezüglich der neuen Wohnung, die zu beachten sind:

Will man allein oder mit anderen zusammen wohnen?

Wie groß soll die Wohnung sein?

Lieber im Erd- oder im Dachgeschoss?

Mit Balkon, Terrasse oder Garten?

Wird ein Keller gebraucht?

Benötigt man eine Garage oder einen Stellplatz für das Auto?

Soll die Wohnung eine Einbauküche haben?

Soll das Bad mit Wanne sein?

Möchte man ein Haustier halten?

Wie hoch sind Miete und Nebenkosten?

Wie hoch ist die Kaution?

Was benötigt man in der nächsten Umgebung?

(Einkaufsmöglichkeit, Verkehrs-Anbindung).

In den darauffolgenden Tagen durchsuchen Sofia und Lucas die Lokalpresse nach einer geeigneten Wohnung. Unabhängig voneinander suchen Sie nach der Wohnung und koordinieren per Telefon die einzelnen Wohnungsbesichtigungstermine miteinander ab. Einige Besichtigungen haben Sie bereits hinter sich gebracht und die ein oder andere Pleite hierbei erlebt. Ganz unerwartet eines Tages eine Einladung zu einer Wohnungsbesichtigung eintrifft. Sie vereinbaren einen Termin für eine Wohnungsbesichtigung, die sehr vielversprechend klingt. Einige Absagen haben Sie bereits erhalten, auch die ein oder andere Wohnung bereits besichtigt. Deshalb gehen beide mit einer geringen Erwartung an die Sache ran. Wollen sich, schützen, um später nicht eine große Enttäuschung verdauen zu müssen. Heute treffen sich Sofia und Lucas, mit dem Eigentümer der Wohnung zwecks Besichtigung vor dem

Gebäude, in dem die Wohnung liegt. Ein älterer Herr, der Sie nett begrüßt und empfängt. Ein großes mehrgeschossiges Gebäude ist es mit vielen Parteien. Ein Aufzug befindet sich auch in diesem Gebäude, mit dem Sie in die siebte Etage fahren. Hier in der siebten Etage angekommen führt der Eigentümer Sie in die Wohnung. Eine zwei Zimmer Wohnung mit einem kleinen, Badezimmer, einer, Küche, einem Schlafzimmer, Wohnzimmer-Bereich und einen sehr langen Balkon. Gleichzeitig ist es die bisher schönste Wohnung, die Sofia und Lucas bis hierhin gesehen haben, doch die Wohnung befindet sich in der siebten Etage! Partnerin Sofia ist Feuer und Flamme für diese Wohnung und gedanklich richtet Sofia ihre zukünftige Wohnung, bereits ein. Nach geschätzten 15 Minuten erteilen Sofia und Lucas die Zusage, die Wohnung anzumieten.

Sofort wird ein Termin für die Übergabe der Schlüssel und der beider Unterschriften des Mietvertrags vereinbart. Ein besonderes Gefühl ist es, seine erste Wohnung besichtigt zu haben. Ein Gefühl des Glücks und des, Aufbruchs, das beide überkommt. Nachdem Sie das Gebäude verlassen, und sich von ihrem zukünftigen Vermieter verabschiedet, haben fangen Sie an, die Vor- und Nachteile dieser Wohnung zu besprechen. Sind Sie sich darüber, einig, dass es die schönste Wohnung ist, die Sie sich bis hierhin angeschaut haben. Gedanklich richten Sie ihre zukünftige Wohnung ein und spielen dabei gewisse Szenarien durch. Die Gedankenspiele sind toll und Sie zeigen eine gewisse Kreativität bezüglich der Einrichtungsmöglichkeiten ihrer zukünftigen Wohnung. Auch sind Sie sehr aufgewühlt und schmieden den einen oder anderen Plan miteinander. Das soll nun ihre erste gemeinsame Wohnung werden und Sie wollen die Wohnung so hübsch wie möglich einrichten. Am heutigen Tag sprechen Sofia und Lucas noch lange, darüber wie und wann Sie etwas unternehmen wollen. Haben Sie doch viele Ideen, doch es gilt einen kühlen Kopf zu behalten und so wenig Fehler wie möglich zu machen. Der heutige Tag bedeutet ihnen viel und er endet dementsprechend spät. An den darauffolgenden Tagen sind beide oft zusammen und erledigen das ein oder andere an Vorbereitung. Möbelhäuser und Baumärkte besuchen Sie. Sammeln eine Menge Ideen und ihrer Fantasie sind keine Grenzen gesetzt. Wissen Sie, dass der Mietvertrag noch nicht unterschrieben ist und deshalb nicht viel eingekauft wird. Sind ihre finanziellen Mittel doch begrenzt. Deshalb anfangs nur wenig Geld ausgegeben wird. Trotzdem wird fleißig weiter geplant.

Gedanken machen Sie sich über den anstehenden Umzug, und über die, Menschen, die ihnen dabei helfen sollen. Freunde und Familienmitglieder sollen beide tatkräftig unterstützen. Da es ihre erste Wohnung ist, und Sie so wenig, wie möglich, falsch machen wollen. Ein gewisses Organisationstalent haben Sofia und Lucas, aber es ist zu früh, um ihr Talent auszuleben. Gedanken machen Sie sich über den anstehenden Mietvertrag und die damit verbunden möglichen Fallen. Genauer gesagt haben Sie keine Ahnung, was Sie erwartet und dementsprechend gutgläubig gehen Sie die Sache an. Dinge wie: Kündigungsverzicht, hohe Betriebskostenpauschale, Staffelmieten, echte Wohnungsgröße, geduldeten Mängeln, Kleinreparaturklauseln und zusammen Mieten. Ist ihnen völlig fremd. Das sind Dinge, womit Sie einige Jahre später erst zu tun bekommen. Beide sind nicht gerade dumm, doch zu jung und unerfahren. Vielleicht in ihrer jetzigen Situation etwas blind. Wünschen sich beide die Wohnung so, sehr, dass Sie vergessen kritisch das Ganze zu beurteilen. Endlich nachdem 14 Tagen vergehen der Termin zur Unterschrift des Mietvertrags ansteht. Gemeinsam fahren Sofia und Lucas zum Haus ihres zukünftigen Vermieters. Sehr aufgeregt sind Sie und wollen diesen Akt einfach nur hinter sich bringen. Von ihrem zukünftigen Vermieter werden Sie empfangen. Ein nettes älteres, Ehepaar, das in einem Gebäude vor ihrer zukünftigen Wohnung wohnt. Gleich nach der kurzen Unterhaltung geht es zur Unterschrift des Mietvertrags. Nach der Übergabe der Schlüssel und des unterschriebenen Mietvertrags verabschieden sich beide von ihrem

Vermieter. Nett sind die Vermieter zu ihnen dazu, freuen sich neue Mieter gefunden zu haben. Ähnlich wie Sofia und Lucas, haben ihre Vermieter, auch die ein oder andere schlechte Erfahrung, mit Mietern gemacht. Nun sind Sofia und Lucas Mieter einer eigenen Wohnung. Damit ist zugleich die erste Hürde genommen. Sofort geht es darum, die Wohnung zu renovieren und passende Möbel zu kaufen. Der Zeitpunkt ist gekommen, die ganzen Planungen auch in die Tat umzusetzen. In den darauffolgenden Monaten sind Baumärkte und Möbelhäuser ihre besten Freunde. Einige Freunde und Familienmitglieder sollen ihnen bei der anstehenden Renovierung kräftig helfen. Die angemietete Wohnung ist zwar nicht groß, hat sie gerade einmal 70 m². Für den Anfang und für zwei Personen ist sie groß genug. In den darauffolgenden Monaten wird fleißig renovieren Sie in ihrer Freizeit. Nein, Freizeit haben Sie eigentlich keine, mehr, denn es müssen viele Dinge organisiert und anschließend umgesetzt werden. Sofia und Lucas berufstätig sind und diese doppelte Belastung bekommen Sie zu spüren.

Kapitel 7

Nicht schnell genug geht es ihnen und Sie wollen alles an einem einzigen Tag erledigen. Für beide ist es eine schöne, aber auch eine recht anstrengende Zeit. Da Sofia und Lucas sich am Anfang noch nicht so viele Möbel leisten können, beschließen sie ihr Auto (BMW) gegen einen Polo (VW) umzutauschen. Der Tausch gelingt bei einem der vielen Gebrauchtwagen-Händler. Und es bleibt sogar Geld für ein paar Möbel übrig. Sie müssen unbedingt lernen, mit weniger Geld auszukommen, gleichzeitig ist dies ihre erste Lektion. Ihre zweite Lektion ist es nicht alles auf einmal zu kaufen, auch Zahlungen in den nächsten Monaten zu verschieben. Finanzgenies sind Sie keine Partnerin, Sofia ist eine Kauffrau im Einzelhandel und Lucas ist ein Heizer in einem Kraftwerk. Mehr oder weniger lernen beide so besser mit Geld umzugehen. Plötzlich kommt der, Tag an dem Sie sich von ihren Eltern verabschieden müssen. Für alle Beteiligten ist das kein schöner Tag, es soll kein Abschied für immer sein. Lucas muss diesen Schritt machen, um sich ein Stück-weit weiterzuentwickeln und eigenständig zu werden. Vor allem aus Liebe zu seiner Lebenspartnerin, auch um seine Zukunft selbst zu gestalten. Am heutigen Tag Sofia und Lucas in ihre Wohnung einziehen. Gleichzeitig ist die Wohnung kalt und dazu völlig leer. Ein paar Bettmatratzen kauften Sie sich und diese legten sie auf den Boden des Wohnzimmers. Die erste Nacht in der neuen Wohnung ist etwas Besonderes. Obwohl, ihre Wohnung noch unfertig ist, genießen Sie es hier zu sein. Das Wichtigste ist bereits da und das sind Sie. Noch lange nicht sind Sie fertig mit der Einrichtung, haben aber das Allernötigste vorliegen. Besitzen Liebe und Geborgenheit und ein warmes Plätzchen zum Schlafen. Endlich sind Sofia und Lucas an ihrem Ziel angekommen, zusammen zu sein und nie wieder per Telefon Verabredungen auszumachen. In dieser Phase lernen Sie sich richtig kennen und auch wertschätzen.

Schnell wird das, Vertrauen, die Liebe und die Zuneigung zueinander ausgebaut. Schön ist es den Anderen bei sich zu wissen und täglich sich auszutauschen. Etwas völlig anderes ist es, mit einem sein Bett zu teilen als ein wenig sich mit dem Freund (ihm, ihr) zu küssen. Kein großes Geheimnis ist es, dass Sofia und Lucas in dieser Situation ihre sexuellen Kenntnisse erweitern. Das sind bei weitem nicht die einzigen Kenntnisse, die Sie erweitern. Jeden Tag lernt man etwas Neues dazu, und wenn man jung ist, und zu dem noch in einer Beziehung, ist das nicht anders. Beide machen ganz garantiert den einen oder anderen Fehler. Generell ist es aber so: ohne Fehler lernt man nichts hinzu. Monate später laden Sofia und Lucas ihre Eltern zum Kaffeeplausch ein, obwohl ihre Wohnung noch nicht fertig eingerichtet ist. Vielleicht ist es ihr schlechtes Gewissen gegenüber ihren Eltern, was beide so plagt. Die Eltern sehen so, Sie werden immer noch geliebt und überdies nicht vergessen. In den nächsten Wochen und Monaten besuchen sich, Sofia, Lucas und die Eltern einander. Das geschieht immer abwechselnd. Einmal bei den beiden und einmal bei ihren Eltern. Nach etwa einem Jahr meckert niemand mehr über ihre Wohnung, denn ab da passt kein Möbelstück mehr in ihre Wohnung hinein. Vielleicht brauchten Sie für die Einrichtung der Wohnung länger als andere, das ist beiden jedoch völlig egal. Sind Sie doch berufstätig und haben kaum eine eigene Freizeit. Außerdem kaufen sie nur Möbel ein, wenn tatsächlich Geld vorhanden ist. Im Allgemeinen verschulden sich viele junge Menschen bei ihrer ersten Wohnung! Doch bei Sofia und Lucas ist das nicht so. All die

Maschinen werden erst gekauft, wenn Geld auch vorhanden ist. Sogar ein Haushaltsbuch wird wenig später eingeführt, darin werden alle Einkünfte und Ausgaben eingetragen. Lucas lernt schnell die Vorteile eines solchen Haushaltsbuchs. Den Überblick über die gemeinsamen Finanzen verliert man hiermit nie. Sie sparen dank des Möbelhaus Ikea eine Menge Geld. Weil generell sich junge Familien sich bei Ikea günstiger einrichten können. Wobei die Möbel und Accessoires von Ikea recht günstig zu erwerben und qualitativ ganz ordentlich sind. Müssen Da Sie mit dem Polo (VW) fahren, müssen Sie mehrmals nach Ikea. Man kann mit diesem Fahrzeug (VW Polo) einfach nicht viele Möbel transportieren. Ungefähr nach einem Jahr ist ihre Wohnung komplett eingerichtet und was noch viel wichtiger ist, sie ist eingerichtet, ohne Schulden aufgenommen zu haben.

Möbel und Maschinen gehören ab diesen Zeitpunkt beiden. Fast alles ist bis dato glattgelaufen und beide haben ihr eigenes kleines gemeinsames Reich aufgebaut.

Plötzlich eines Tages ohne eines kleinen Anzeichens passiert es. Sofia und Lucas wohnen da bereits zwei Jahre in ihrer gemeinsamen Wohnung. Lucas kommt wie gewöhnlich von der Frühschicht nach Hause, wo er seine Lebensgefährtin heulend antrifft

„Was hast du, Sofia?", fragt Lucas.

Sofia antwortet: „Mir ist nicht gut und glaube mich mit Blut angesteckt zu haben." Danach heult Sie weiter.

„Was für Blut denn?" „Wo hast du dich nur angesteckt?", „und bei wem?", fragt Lucas.

Erst einmal eine Stille und schließlich antwortet Sie: „Eine Kundin von mir hat sich an einem ihrer Finger geschnitten und so gab ich ihr ein Pflaster."

„Verstehe nur Bahnhof und wie und vor allem womit hat Sofia sich angesteckt?" Denkt Lucas.

Versucht seine Lebensgefährtin etwas zu beruhigen, doch es gelingt ihm kaum. Er selbst kommt von der Frühschicht und hat eine schwere Schicht hinter sich. Lucas fehlt ein wenig die Konzentration und ein Stück weit die Geduld. Macht sich erst einmal etwas zu Essen, anschließend befasst er sich intensiver mit seiner Lebensgefährtin. Sofia hat inzwischen aufgehört zu heulen, sieht für Lucas so aus, als wenn sie dauernd über etwas nachdenkt. Lucas will jetzt bei ihr sein und Sie beruhigen. Sofia macht einen sehr ängstlichen Eindruck auf ihn. Außerdem ist Sie müde, will nur noch schlafen. Er soll Sie einfach nur in Ruhe lassen. Lucas entspricht ihren Wunsch und lässt Sofia schlafen. Am nächsten Morgen geht Lucas ganz normal zur Frühschicht, doch mittags als Lucas wieder Zuhause ankommt, trifft er Sofia wieder heulend an. Sofia ist völlig außer sich und er bekommt es mit der Angst zu tun. Versucht Sie zu beruhigen, aber Sie will nicht und spricht dauernd über das Blut.

„Sie hat sich mit Blut angesteckt und das ganz bestimmt sogar und nun ist Sie schwer krank."

Hysterisch wird Sofia und bekommt einen richtigen Anfall. Lucas ist fassungslos und erkennt seine eigene Lebensgefährtin nicht mehr wieder.

Lucas sagt: „Was ist nur los mit dir?"

Lucas hat keine Ahnung und deshalb beschließt er erst einmal bei ihren Eltern anzurufen. Doch als Lucas die Eltern (M, M) am Telefon hat, verlangen diese gleich nach ihrer Tochter. Ihre Tochter Sofia will niemanden sprechen und fängt zusätzlich an zu schreien. Sofias Eltern hören das durch das Telefon mit und bekommen es mit der Angst zu tun. Daraufhin beschließen Sie ihre Tochter während der nächsten Stunde zu besuchen und einmal nach ihr zu schauen. Lucas beendet das Gespräch mit Sofias Eltern und ruft anschließend den Notarzt an. Der Notarzt trifft zuerst ein und wenig später Sofias Eltern. Geschätzte 15 Minuten später klingelt es an der Wohnungstür. Eine Ärztin ist es und sie fragt:

„Bin ich hier richtig bei Lucas Wolf?"

„Ja", sagt Lucas.

Anschließend tritt die Frau Doktor ein und geht ins Schlafzimmer. Das ist das Zimmer, wo seine Lebensgefährtin in ihrem Bett liegt. Seine Gefährtin jedoch schreit und will sich außerdem vom Balkon stürzen. Die Ärztin hält Sie mit viel Mühe, mit Lucas Hilfe, davon ab. Daraufhin bekommt seine Partnerin erst einmal eine Spritze zur Beruhigung. Eine Prozedur, da Sofia enorme Unruhezustände hat und dauernd anfängt zu heulen. Das Schreien und Schlagen nach ihnen hört einfach nicht auf. So beschließt der Medicus, Sie ans eigene Bett zu fesseln.

Plötzlich klingelt es wieder an der Tür und als Lucas diese, öffnet stehen ihre Eltern da.

„Was ist denn nur los?", fragen Sie Lucas. Lucas sagt:

„Kommt erst einmal herein und guckt nach eurer Tochter."

Doch als Sie das Schlafzimmer betreten, können Sie es nicht glauben, ihre Tochter liegt gefesselt im eigenen Bett. Kann weder Arme noch Beine bewegen.

Kapitel 8

„In Gottes Namen, was ist nur mit dir los, Kind?", „und warum möchtest du nicht mit uns sprechen?", fragen die Eltern.

„Will niemanden sehen oder sprechen", sagt Tochter Sofia.

Das wiederholt Tochter Sofia noch ein paar Mal. Die Wirkung der Spritze setzt ein und schließlich schläft Sofia ruhig ein. Anschließend unterhält sich Lucas noch mit der Ärztin und den Eltern. Doch die Eltern fangen an, Lucas ständig unter Druck zu setzen und hören nicht damit auf, ihm Vorwürfe zu machen. Kurz darauf verabschiedet sich die Notärztin von allen, Sie hat ihr Möglichstes, getan, also fährt Sie zu ihrem nächsten Einsatz.

Jedoch als Lucas mit Sofias Eltern alleine ist, geht dieses gegenseitiges Schlecht und Vorwürfe machen weiter. So hat Lucas die Eltern seiner Freundin (K) noch nie zuvor erlebt. Lucas kann verstehen, dass Sie sich Sorgen um ihre Sofia machen, doch diese Anschuldigungen gegenüber Lucas selbst kann er nicht mehr verstehen. Das geht eine ganze Weile so, bis sich Sofias Erzieher wieder ein wenig beruhigen. Gemeinsam wird nach einer Lösung gesucht. Diese Lösung kann bestenfalls eine Zwischenlösung sein. Um die weitere Behandlung seiner Lebensgefährtin geht es dabei, und was Lucas im Notfall zu tun hat. Angedacht ist ein Besuch bei der Hausärztin (S) morgen, nur ist es fraglich, ob ihre Tochter Sofia am nächsten Tag dazu bereit ist. Die Erziehungsberechtigte geben Lucas noch einige gute Tipps und fahren anschließend wieder nach Hause. Ein anstrengender Tag und alle sind froh als dieser zu Ende geht. Lucas hat so etwas zuvor noch nicht erlebt. Eine junge Frau (Sofia), die sich von der siebten Etage stürzen will, nur weil Sie die Befürchtung hat, sich mit fremdem Blut angesteckt zu haben.

Was muss in so einem jungen Menschen nur vor sich gehen, wenn so ein junger Mensch zu so einer Tat bereit ist?

Muss doch etwas sein, was `normale' Menschen nicht begreifen können.

Oder ist es ihr Körper, der ihr einen Streich spielt und sie dadurch nicht mehr Herr der Lage ist?

Schrecklich ist das und Lucas verbringt die darauffolgende Nacht fragend nach der Ursache.

Warum seine Partnerin und warum gerade jetzt?

Fragen über Fragen und richtige Antworten darauf findet Lucas am heutigen Tag nicht. Verbringt eine sehr unruhige Nacht und wacht am nächsten Morgen mit leichten Kopfschmerzen auf. Lucas hat sich für den heutigen Tag extra freigenommen. Da immer noch nicht feststeht, wie es mit seiner Lebensgefährtin weitergeht. Die Hausärztin muss sogar seine Lebensgefährtin in ihrer eigenen Wohnung untersuchen. Da seine Partnerin einfach nicht bereit ist, die Wohnung zu verlassen. Ihre Ängste darüber, sich auf dem Weg zur Ärztin erneut mit Blut anzustecken, einfach zu groß sind. Während ihre Hausärztin anwesend, ist, scheint es, so als wenn sich Partnerin Sofia etwas beruhigt. Man muss wissen, ihre Hausärztin ist ein toller Mensch und Sie trifft offensichtlich den Nerv bei Sofia. Heute nimmt die Frau Doktor kein Blatt vor dem Mund, spricht mit ernster

Stimme zu seiner Partnerin. Heiß geht es her und nach circa 45 Minuten hat sich seine Partnerin offensichtlich wieder etwas gefangen. Lucas ist dem Medicus sehr dankbar dafür und der ein oder andere Satz wird miteinander gewechselt. Laut der Ärztin ist die Lage sehr, ernst, doch es besteht eine gewisse Chance auf Besserung. Machen sich große Sorgen um seine Lebensgefährtin, es ist ein Themenbereich, wo seine Hausärztin an ihre Grenzen stößt. Trotzdem bemüht sich ihre Ärztin sehr und empfiehlt ihnen einen guten Psychologen (X). Mehr kann Sie in ihrem Fall auch nicht mehr leisten. Trotzdem hat Sie sich vorab zu weiteren Gesprächen mit seiner Lebenspartnerin bereiterklärt. Oft hilft es, wenn man jemanden hat, dem man vertraut und der außerdem gut zuhören kann. Offensichtlich ist Lucas nicht gut dafür geeignet. Lucas ist mit dieser ungewöhnlichen Situation genauso überfordert, wie ihre Hausärztin, die wenigstens mit Medikamenten aushilft. Lucas bekommt jedoch die vertrauensvolle Aufgabe, seine Partnerin (K) möglichst ruhig zu halten und keinen Besuch zuzulassen. In den nächsten Tagen soll Lucas einen Termin bei einem Psychologen machen und Sie dorthin begleiten. Lucas hat die große Befürchtung, dass irgendetwas schiefgehen könnte und so ist es auch. Tatsächlich hat ihre Hausärztin ein halbes Wunder vollbracht, seiner Lebenspartnerin geht es bereits besser. Doch als der Termin beim Psychologen (X) ansteht, geht der Alptraum in die zweite Runde. Beide müssen mit der Straßenbahn fahren, da die Praxis des Psychologen mitten in der Stadt liegt. Was für eine Prozedur sich hieraus entwickelt, ist kaum einen `normalen´ Menschen zu beschreiben! Sofia hat große

Bedenken wegen der Fahrt mit der Straßenbahn. Da sitzen einfach zu viele Personen drin, die Sofia anstecken könnten.

Tatsächlich kostet es Lucas einige Minuten und jede Menge Überzeugungskraft, um Sofia schließlich doch in eine Straßenbahn zu bekommen. Eine Höllenfahrt und seine Lebenspartnerin Sofia äußert jede Menge Bedenken. Endlich an der Praxis des Psychologen angekommen, macht er drei Kreuzzeichen.

„Was für eine Fahrt denkt Lucas." „Was für ein Glück wir doch haben, die Straßenbahn war völlig überfüllt".

Es kann nur besser werden! Wenig später gehen Sofia und Lucas in die Praxis des Psychologen (X) hinein und nach einer kurzen Wartezeit wird seine Lebenspartnerin hineingerufen. Jedoch geht Sofia allein hinein, diesen Wunsch hatte seine

Lebenspartnerin Lucas gegenüber geäußert. Ganze 45 Minuten sind, angesetzt Lucas kommen sie aber viel länger vor. Da niemand genau weiß, was in diesem Zimmer passiert und das Lucas sehr nervös macht. Lucas kennt den Psychologen, nicht deshalb misstraut er völlig dieser Ruhe. Plötzlich sind aber die 45 Minuten um und Sofia spaziert heraus. Sofia sieht richtig wütend aus und schimpft wie ein Rohrspatz.

„Was ist nur passiert?", „und warum ist Sofia so aufgebracht?", denkt Lucas.
Später draußen vor der Praxis fängt Sofia an, Lucas alles zu erzählen.

„Du kannst dir nicht vorstellen, was das für ein `Arschloch ist´", sagt Sie.

„Wieso denn ein `Arschloch'?", fragt Lucas.

„Weißt du, worüber der Psychologe die ganze Stunde gesprochen hat?", fragt Sofia.

„Nein", antwortet Lucas.

„Der Psychologe (X) hat die ganzen 45 Minuten nur über meine Sexualität gesprochen und wollte alles über meine Sex-Fantasien wissen", sagt Sofia.

„Mein Gott, was für ein großes Schwein", sagt Lucas. Lucas fügt noch hinzu: „Hier gehen wir nicht mehr hin und der Psychologe kann froh darüber sein, wenn wir ihn nicht wegen grober sexueller Belästigung anzeigen." Richtig aufgewühlt sind Sie und Lucas würde diesen Mistkerl von einem Psychologen am liebsten gleich umhauen. Lucas denkt:

„Gott stehe uns bei". „Sollte das so weitergehen".

Das ist zwar erst der erste Psychologe, den beide, aufsuchen, doch Sie haben sofort die Befürchtung, dass sich das nicht so schnell bessert. Wie sich ein paar Wochen später herausstellen soll, behält Lucas Recht.

Die genaue Anzahl der Psychologen, der Lebenspartnerin und die Zahl der Psychologen die davon nur sogenannte `Arschlöcher´ sind, ist nicht bekannt. Doch es sind, einige, die entweder völlig unfähig oder einfach nur abkassieren wollen.

„In was für eine Welt leben wir eigentlich?", fragt Lucas.

Kapitel 9

Von solchen Missständen haben beide noch nie etwas gehört. Entweder trauten sich die sogenannten `Opfer' nicht, sich über ihren Psychologen zu beschweren oder sie waren einfach nicht mit ihren Beschwerden durchgekommen. Nicht genau bekannt ist, die wievielte Psychologin es ist. Nach einigen misslungenen Versuchen passiert irgendwann, das, was keiner mehr für möglich hält. Wieder einmal haben Sofia und Lucas einen Termin bei einer Psychologin (DB) in der Stadt ausgemacht. Auch dieses Mal kennen Sofia und Lucas die Psychologin nicht und beide gehen mit niedrigen Erwartungen in ihre Sprechstunde hinein.

Um eine kleine Praxis handelt es sich und man muss erst die Treppen hinuntergehen. Da die eigentliche Praxis erst im ersten Untergeschoss sich befindet. Am heutigen Tag sind Sofia und Lucas etwas früh dran, sodass Sie im Wartezimmer etwas warten müssen. Die Zeit vergeht schnell und als Sofia und Lucas endlich die Psychologin sehen, da ahnen Sie noch nicht. Wie gut Sie sein wird. Eine sehr nette Frau (Psychologin) mittleren Alters. Das Gespräch mit ihr ist aufmunternd und schwierig zugleich. Lucas weiß, nicht, ob schwierig in diesem Zusammenhang zutreffend ist, vieles, von, dem was heute besprochen, wird ist sehr unangenehm. Beider Verhältnis zur Sexualität und ihr beider Verhältnis zu ihren Eltern und Geschwistern. Die Psychologin klopft einmal heftig auf den Busch. Sucht nach dem Grund, warum es seiner Lebenspartnerin so verdammt schlecht geht. Ihnen erscheint, das ein wenig ungewöhnlich gleich in der ersten Sitzung so offen über Privates zu sprechen. Die Frau Doktor spricht mit ihnen über eine mögliche Therapie für seine Partnerin (Sofia K), das ist aber Zukunftsmusik. Und heute kommt das bei ihnen nicht besonders gut an. Zur Sprache kommt eine neue, Medikation, die die Aufgabe besitzt, seiner Lebenspartnerin diese Ängste mit der Blut- Ansteckung zu nehmen. Beide haben noch nie von diesen Medikamenten gehört und dementsprechend neugierig sind Sie auf dessen Wirkung. Jedenfalls ist der Anfang getan und Sie bemerken auch, dass sich die Psychologin sehr bemüht. Außerdem ist Sie nett und sehr offen zu ihnen. Sofort nachdem Sofia und Lucas die Rezepte für die neuen Medikamente erhalten, verabschieden Sie sich von der Psychologin und verlassen danach ihre Praxis. Am heutigen Tag können beide noch nicht ahnen, dass beide ein Glückslos ziehen. Wie sich Monate später erst herausstellt, macht seine Lebenspartnerin große Schritte auf dem Weg zu ihrer Genesung. Ihre Wutanfälle und ihre Heulkrämpfe gehören nun der Vergangenheit an. Offensichtlich hat die neue Psychologin die Wurzel des Übels erkannt. Seine Herzdame traut sich wieder unter Menschen, obwohl es immer noch Situationen gibt, die einem Rückschlag sehr nahekommen. Seine Herzdame Sofia hält sich ganz gut, aber irgendwann ist bei ihr der Moment erreicht, wo Sie wieder anfängt zu heulen. Die Medikamente sind sehr gut und helfen ein Stück- weit die Symptome zu lindern, ganz heilen können sie seine Auserwählte jedoch nicht. Das Problem ist immer noch da und es tickt wie eine Uhr (Zeitbombe). Keiner kann genau sagen, wann der nächste Anfall seinen Anfang nimmt. Lucas selbst hat die, Befürchtung, dass die Medikamente irgendwann ihre Wirkung nicht mehr entfalten können. Dadurch seine Auserwählte womöglich einen größeren Rückschlag erleidet. Im Allgemeinen kann der menschliche Körper sich mit der Zeit an Medikamente gewöhnen und ab diesen Zeitpunkt lässt die Wirkung der Medikamente nach. Lucas muss sich einen Plan B einfallen lassen, bevor die Medikamente ihre Wirkung ganz verlieren. Plan A hat einiges bewirkt, Medikamente und Psychologin, doch jetzt ist Fantasie gefordert. Wichtig ist, seine Lebenspartnerin darf keinen weiteren Nervenzusammenbruch mehr erleiden. Schwer ist es zu beschreiben und Lucas selbst kann nach so vielen Jahren nicht mehr genau sagen wie es passiert. Eines Tages hat Lucas eine Idee im Sinn, dabei ist nicht mal mehr bekannt, wie er letztendlich darauf kommt. Das kann in einer der Zeitschriften gestanden haben oder vielleicht kam es nur in einer Fernsehsendung vor. Genau kann er selbst es nicht mehr sagen, was er darüber sagen kann ist, es ist genial. Vollkommen unerheblich ist es, ob Lucas selbst den Einfall hat oder er es irgendwo aufschnappt. Dabei handelt es sich um den Plan B, außerdem ist es nur eine von vielen Ideen, die Lucas durchspielt, Lucas tut nichts anderes mehr. Lucas macht sich große Sorgen um seine Lebenspartnerin und sucht verzweifelt nach einem Ausweg. Man stelle sich nur vor, die Idee tatsächlich die Wende bringt. Lucas Plan B sieht vor, eine sogenannte `Tiertherapie´ anzuwenden. Die Idee dahinter ist einfach seine Partnerin Sofia mit einer neuen

Aufgabe abzulenken. Oft sind Krankheiten nur reine Kopfsache.

Welches Tier kann so eine Aufmerksamkeit bei seiner Partnerin erzeugen?

Ohne gleichzeitig viel Arbeit und Stress zu machen?

Einige Tiere gibt es, die für sie aber zu viel Stress bedeuten, deshalb kleine Tiere ja, große Tiere eher nein. So ihre Devise.

Eines Abends ist es wieder so weit, seine Partnerin benötigt mal wieder eine Ablenkung.

Lucas fragt: „Kannst du dir vorstellen, ein Tier im Haushalt zu halten?"

Sofia antwortet: „Ist das dein ernst?", „oder möchtest du mich nur auf dem Arm nehmen?"

„Nein, meine es total ernst", sagt Lucas.

Sie lächelt Lucas an und sagt darauf:

„Ja, dann würde ich gerne einen Hund haben, der mich beschützt."

Lucas erwidert:

„Kann mir im Moment nicht vorstellen uns einen großen Hund zu kaufen, einfach, weil unsere Wohnung dafür zu klein ist.

"Sie schaut Lucas fragend an und sagt: „Ja, dann einen kleinen Hund, den man auch mal mit auf die Couch nehmen kann."

„Hmm", „und wer soll die Zeit haben um, mit dem Hund Gassi zu gehen?" Denkt Lucas. „Mal schauen", sagt Lucas.
Sofia aber lässt nicht locker und will es nun ganz genau wissen.

„Wann möchtest du Lucas, mit mir das Tier kaufen gehen?", fragt Sofia.

Lucas antwortet: „Wenn du es möchtest, dann können wir dir gleich Morgen ein Tierchen kaufen gehen."

„Oh ja, das wäre so toll, bitte ja."

„In Ordnung, dann wird das so gemacht", sagt Lucas.

Lucas bemerkt gleich, dass es Sofia sofort besser geht und die kleine Ablenkung ihr offensichtlich guttut. Das Thema Hund oder Tier scheint bei Sofia eine positive Reaktion auszulösen. Wie auch immer stellt es eine positive und doch nur temporäre Reaktion dar. Ihre Reaktion ist positiv und das gibt Lucas die Hoffnung, dass der Plan B oder das Projekt `Haustier' auch klappen kann. Bezüglich eines Haustiers hat er selbst einige, Bedenken, aber sollte das Ergebnis des Projektes `Haustier´ (Plan B) positiv ausfallen. Das Ziel damit erreicht ist. Die, Bedenken, die Lucas hat, würden sich sofort in Luft auflösen. Daraufhin verbringt Lucas zum wiederholten Mal eine sehr unruhige Nacht. Weil die Sorgen und Bedenken bezüglich eines möglichen Erfolgs, oder eines

Scheitern des Projektes `Haustier´ (Plan B) enorm sind. Am nächsten Morgen erledigen Sofia und Lucas erst einmal den Haushalt und was sonst noch ansteht. Etwas, später, da ist es bereits nachmittags fahren Sie gemeinsam in die Stadt. Der Plan sieht vor, seine Partnerin zu einer von ihm ausgesuchten Tierhandlung zu führen. Zwar ist es keine richtige Überraschung mehr für seine Geliebte, dennoch wird es ein wenig spannend. Zuerst gehen sie gemeinsam durch die Innenstadt und danach in den S-Markt. Der S-Markt ist eine Ansammlung von Geschäften, die in einer überdachten Passage liegen. Doch als Sofia und Lucas vor der erwähnten Tierhandlung stehen. Kann Sofia es kaum glauben. „Du willst wirklich mit mir da rein?", fragt Sofia.

„Ja", sagt Lucas.

Sofia zögert nicht lange, hält seinen Arm fest

und nimmt ihn mit in das Geschäft. Nur eine kleine Tierhandlung ist es, mit wenig Tieren, dafür mit jeder Menge Ausstattung für Tiere. Hier gibt es eine Menge Tiernahrung und das passende Tierspielzeug gleich mit dazu. Sofia hat wohl von draußen im Schaufenster die Katzen erspäht und dirigiert sie beide direkt dorthin. Drei kleine Perser-Katzenbabys sind es, die im Schaufenster sich hin und her bewegen. Sofia ist Feuer und Flamme

„Oh, sind die süß und noch so klein, darf ich eine von denen haben?", fragt Sofia.

„Lass uns mal nach der Verkäuferin rufen, danach sage ich dir mehr", sagt Lucas.

Kapitel 10

Da nur wenige Augenblicke später eine Verkäuferin zu ihnen kommt, bitten Sie diese Verkäuferin ihnen eine der Katzen zu zeigen

„Können Sie uns bitte eine der Katzen einmal herausnehmen, damit wir sie begutachten können?", fragt Sofia.

„Ja, sofort", sagt die Verkäuferin.

Die Verkäuferin zieht daraufhin eine der Katzen aus dem Schaufenster heraus und legt sie direkt Sofia auf dem Arm. Ein schwarzer Kater ist es mit den Farben, Schwarz, Weiß und Grau. Wie Sofia und Lucas erfahren, ist der Kater ungefähr 12 Wochen alt. Beide haben beide noch nie zuvor eine so schöne Katze gesehen und ihre Farben sind etwas ganz Besonderes. Solche Katzen werden als Glückskatzen oder Trikolor Katzen bezeichnet. Ihre Verkaufsberaterin ist nett und zeigt ihnen bald darauf noch eine zweite Katze. Später erfahren Sofia und Lucas von ihr, dass die Katzenbabys Geschwister sind. Die Katzenbabys stammen nämlich von demselben Züchter, ab der immer diese Tierhandlung mit Katzenbabys beliefert. Jeder dieser Katzenbabys besitzt einen ungefähren Wert von 550 €, die Ausstattung und Nahrung noch nicht mitgezählt. Ihren persönlichen Favoriten hat Sofia wohl bereits gefunden. Zwar ist es kein Hund, sondern `nur' ein Perser-Kater, aber loslassen möchte Sofia den Kater nicht mehr. Sieht aus, als wenn sich die beiden, das Katzenbaby und seine Sofia (Lebenspartnerin) gesucht und gefunden haben würden. Nach kurzem Hin und Her entschließt sich Sofia für den ersten Kater.

Nun muss noch die entsprechende Ausstattung und Nahrung her. Auch das dauert nicht lange und gleich sind Nahrung für mehrere Tage, etwas Spielzeug, ein Katzenklo, eine Schale fürs Essen und Trinken und ein Körbchen als Schlafplatz et cetera gefunden. Die ungefähre Summe der Artikel plus Katzenbaby beläuft sich auf unter 1000 €.

„Ein Schnäppchen, wenn die Tiertherapie ein Erfolg wird!" Denkt Lucas. „Die Gesundheit der Partnerin ist die Investition von X-€ allemal wert", denkt Lucas. Anschließend wird an der Kasse bezahlt, danach fahren Sofia und Lucas samt eines Katzenbabys und einer Ausstattung nach Hause. Heil überstehen alle den Transport samt Katzenbaby und Ausstattung und etwas später geht es darum. Platz für das neue Familienmitglied (Kater) zu finden. Sofia und

Lucas einigen sich auf den vorläufigen Platz Küche als Schlafplatz. Zuerst soll sich der Kater in der Küche aufhalten und später den Rest der Wohnung kennenlernen. Doch als Sie das Katzenbaby samt Transportkörbchen in die Küche stellen, dauert es nicht lange bis dieser sich versteckt. Sofort nach Öffnen der Tür vom Transportkörbchen, sich der Kater hinter ihrer Waschmaschine versteckt. Das Katzenbaby kennt seine neue Umgebung noch nicht und hat sich vor Angst erst einmal versteckt. Beide rufen zwar ein paar Mal nach, ihm doch selbst als sie Futter hinstellen, kommt er nicht mehr hinter der Waschmaschine hervor. Scheint zwecklos und so beschließen beide ihn erst einmal in Ruhe zu lassen. Sie dunkeln den Raum ab, stellen Wasser, Futter und ein Katzenklo hin. Schließen die Tür. Sie hören später zwar noch den Kater, aber lassen ihn erst mal gewähren. Hat der Kater doch alles, was er benötigt und schauen, tun Sie öfter nach ihm. Die Nacht über hat das Katzenbaby sich sehr ruhig verhalten. Am nächsten Morgen sofort beim Öffnen der Küchentür der Kater beide begrüßt. `Miau', ruft er ganz laut und läuft zwischen ihren Beinen herum. Offensichtlich freut sich der Kater Sie zu sehen und beide freuen sich auch ihn zu sehen. Sie spielen ein wenig mit ihm, anschließend wird der Kater gestreichelt und mit etwas Milch gefüttert. Seine Lebenspartnerin will den Kater gar nicht mehr in Ruhe lassen, so süß findet Sofia ihn. Direkt im Anschluss gehen Sofia und Lucas ins Wohnzimmer, wo ihnen der Kater vorsichtig hin folgt. Sie wollen dem Kater nur einen größeren Teil der Wohnung zeigen, damit dieser so nach und nach die Angst verliert. Klar inspiziert das Katzenbaby sein neues Reich und schaut dabei immer wieder Richtung Küche. Anfangs zieht er sich immer wieder in die Küche, zurück, doch nach einer Zeit beschließt er lieber bei ihnen im Wohnzimmer zu sein. Der Kater sucht ihre Nähe, obwohl das bedeutet, sich weiter von der Küche zu entfernen. Die Küche ist sein Rückzugsraum, dort fühlt er sich wohl. Die Hübschen Sofia und Lucas sind mit der Suche nach dem Namen für den Kater beschäftigt und der Kater mit der Erkundung seines neuen Reiches. Dabei finden Sie einige Namen, aber nur einer darf es sein. Am Ende einigen Sie sich auf den Namen `Kenny'. Natürlich fangen Sie sofort an den Kater so zu rufen, dieser anfangs nicht gleich darauf hört. Kenny ist ein schöner Name und dazu einfach zu merken. Ihr Kater Kenny gewöhnt sich schnell an Sie und auch an seinen neuen Namen. Ein paar Wochen sind vergangen, da bemerkt Lucas erst, was für eine tolle Bereicherung der Kater für Sie ist. Alles dreht sich nur noch um das neue Familienmitglied (Kater Kenny). Wenn, überhaupt, spielt Lucas selbst nur noch die zweite Geige im Haus. Nur noch Kenny hier und Kenny da heißt es. Auch, das kann der Kater und dieses macht der Kater. So etwas hat Lucas nicht erwartet, diese Menge an Fürsorglichkeit für einen Kater. So ist Sofia (Lebenspartnerin) nun mal herzensgut und auch sehr fürsorglich. Gleich nach einigen Wochen steht beim Kater der erste Arztbesuch an. Die erste Untersuchung und eine Wurmkur stehen an. Der Kater übersteht auch diese kleine Prüfung mit Bravour und kann sofort etwas ruhigeren Tagen entgegensehen. Schließlich haben Sofia und Lucas ihm eine tolle Tierärztin besorgt, die ihn gut behandelt und sofort in ihr Herz schließt. Doch die Tierärztin ist nicht günstig, außerdem befindet sich ihre Praxis etwas weiter von ihrem Zuhause entfernt. Dem Kater aber geht es gut und das ist die Hauptsache. Über die möglichen Kosten, die eine Katze verursacht, haben beide vorher nicht gesprochen. Haben seine Lebenspartnerin und er selbst nie zuvor eine Katze gehabt. Mit der Zeit bekommen beide einen Überblick über die Koste die bei der Haltung einer Katze fällig werden. Nie haben Sie gedacht, dass ein Katzenbaby so viel Aufmerksamkeit benötigt. Ihr Kater hält Sie rund um die Uhr auf Trab. Je älter er wird, umso mehr Aufmerksamkeit fordert er von ihnen an. Auf der anderen Seite lenkt ihr tierischer Therapeut (Kater) aber seine Partnerin von ihrer Erkrankung ab. Lucas hat nicht geglaubt, dass eine Tiertherapie überhaupt gelingen kann. Anfangs ist es ein Plan B nur ein Versuch und später stellt es, sich wohl als die beste Therapie heraus. Unbewusst hat ihr tierischer Therapeut (Kater Kenny) mit einem Schlag ihr beider Leben sehr positiv beeinflusst. Obendrein sind seine Partnerin und der Kater unzertrennlich. Durch die große Verantwortung und der Beschäftigung, die Sie mit der Aufzucht des Katzenbabys auf sich nimmt, vergisst Sofia völlig, wie krank Sie eigentlich ist. Bei den Schmuse Stunden, Kater Kenny (tierischer Therapeut) gekämmt und gepudert wird, sieht man wie sehr beide einander mögen. Der Kater schnurrt und schnurrt und fällt dabei fast in den Schlaf. Seine Lebenspartnerin ist eine Art Katzen-Beschwörerin, und der Kater ist ihr völlig ausgeliefert. Besonders, wenn Sofia mit ihrer Katze spricht, hat man das Gefühl beide gehören zusammen. Bilden eine Einheit und haben sich nun gefunden. Dadurch dass Lucas arbeiten geht, verbringt seine

Lebenspartnerin mehr Zeit mit ihrem tierischen Therapeuten (Kater). Deshalb ist Kater Kenny mehr auf seine Lebenspartnerin fixiert. Schließlich hat der Kater der Partnerin Sofia es zu verdanken, nicht mehr in der Tierhandlung zu sein. Scheint so als, wenn der tierische Therapeut (Kenny) sich dafür bei seiner Partnerin bedanken will. Sofia hat ihn aus der Tierhandlung befreit und im Gegenzug der Kater Sie wieder zurück ins Leben geholt. Der Zustand seiner Lebenspartnerin verbessert sich vom ersten Tag, an dem der Kater in ihr beider Leben tritt. Kontinuierlich als, wenn es nie anders gewesen ist.

Kapitel 11

Dass, Katzen besondere Fähigkeiten nachsagt wird und dass diese Katzen in einigen Ländern der Welt früher, als Götter behandelt wurden. Das war ihnen bekannt. Im alten Ägypten zum Beispiel wurden Katzen verehrt und galten als heilig. Keiner durfte diesen Katzen etwas antun, sofort würde er mit dem Leben dafür bezahlt haben. Man sagt Katzen im Allgemeinen besondere Fähigkeiten nach und es gibt unzählige Mythen über sie. Tatsächlich hat ihr Kater gewisse Fähigkeiten und diese sind bestimmt nicht alle von dieser Welt. Sahen Sie ihren Kater des Öfteren springen und hüpfen, wo sonst kein Anderer ist. Ob er Geister sah oder sich durch einen Luftzug, erschreckte, ist bis in die Gegenwart nicht geklärt. Was aber geklärt ist, er hat innerhalb von wenigen Monaten seine Lebenspartnerin fast im Alleingang geheilt. Kenny war für Sofia da und das jeden Tag. Immer, wenn es seiner Lebenspartnerin schlecht, ging, merkte der Kater es sofort. Automatisch suchte er die Nähe zu ihr und versuchte durch sein Schnurren, sie zu beruhigen. An dieser Stelle kann vorweggenommen werden, der Kater rettet der Lebensgefährtin Sofia das Leben. Natürlich nimmt seine Lebenspartnerin parallel einige Medikamente ein, darüber hinaus, hat Sofia eine gute Psychologin (DB). Doch die Liebe, die Sie von mir (Lucas Wolf) und dem Kater (Kenny) erhält, darf man in dieser Situation nicht völlig unterschätzen. Zum Schluss ist es wohl ein Mix von allem, der das positive Resultat ermöglicht. Ein

Plan A und der Plan B, die Tiertherapie. Abschließend soll noch Erwähnung finden, dass Lebensgefährtin Sofia (K) zu 100 % gesund wird.

Nennt man so etwas nicht eine unglaubliche Geschichte?

Oder anders ausgedrückt ein Wunder?

Das Ende.

Danksagung

Obwohl das Schreiben eines Buches häufig ein einsames Unterfangen darstellt, kommt dennoch kein Autor ohne Hilfe aus. Jedes Mal, wenn eines meiner Bücher erscheint, stehe ich als Autor im Vordergrund. Das ist nicht besonders fair, weil es immer vieler Menschen bedarf, die eine solche Publikation überhaupt erst ermöglichen. Das war natürlich auch bei mir der Fall. Und all die lieben Menschen, die mir während des Schreibens eine Hilfe gewesen sind, sollen hier eine besondere Erwähnung finden.

Zuerst richtet sich mein Dank an meinen Verlag BoD (Books on Demand). Dass überhaupt jemand bereit war, zu veröffentlichen, dass von mir kreiert wurde, ist fast ein kleines Wunder. Dafür vielen Dank und auch für das offene Ohr und die motivierenden Worte, wenn ich mal wieder vor einem leeren Blatt saß und nicht weiter wusste. Danke für die Mühe und die Geduld, mein sehr geschätzter Verlag (BoD).

Und selbstverständlich geht mein Dank auch an meine Familie, meinen Eltern, meinem Bruder und meinen drei Schwestern. Die mir immer die Kraft und die Zeit gaben, mich meinem Buchprojekt zu widmen. Ohne euch würde ich das niemals geschafft haben können.

Keinen geringen Anteil an der Fertigstellung haben auch: Eva (P.) Wolfgang (S).

Immer wenn ich kurz davor war, alles hinzuwerfen, habt ihr mich wieder aufgebaut und zum Weitermachen ermutigt.

Einen großen Dank auch an meine Leser und den zukünftigen Lesern, ihr seid mit ein Grund dafür, warum ich schreibe. Vielen Dank an alle, auch an die, die nicht namentlich erwähnt wurden. Ich weiß das sehr zu schätzen. Danke.

Literaturverzeichnis

Eine wahre Geschichte, meine Person erlebte das Wunder mit.

Impressum

Autor: J.R. Lucas Wolf

E-Mail: gladbachdon@gmail.com

Herstellung und Verlag: BoD –

Books on Demand, Norderstedt

Paperback ISBN:

E-Book ISBN: 9783756844562

Printed: In Germany

.